自分《じぶん》で考《かんが》えて行動《こうどう》しよう!

こども論語《ろんご》とそろばん

齋藤 孝

筑摩書房

はじめに

ぼくは『論語《ろんご》と算盤《そろばん》』という本《ほん》を、ぜひみなさんに読《よ》んでほしいと思《おも》っていました。というのも、ぼくは渋沢栄一《しぶさわえいいち》さんという人《ひと》をとてもそんけいしているからです。渋沢先生《しぶさわせんせい》は『論語《ろんご》と算盤《そろばん》』でお金《かね》もうけと生《い》き方《かた》について書《か》いています。いま、日本《にほん》の国《くに》はたくさん会社《かいしゃ》があって、国《くに》も豊《ゆた》かで、経済《けいざい》もうまく回《まわ》っています。これは渋沢先生《しぶさわせんせい》のおかげもあるんです。

明治維新《めいじいしん》のころ、渋沢先生《しぶさわせんせい》はヨーロッパに行《い》き、向《む》こうには会社《かいしゃ》がたくさんあるのを知《し》って、びっくりしました。そして日本《にほん》にも会社《かいしゃ》が必要《ひつよう》だと思《おも》い、次々《つぎつぎ》といろいろな種類《しゅるい》の会社《かいしゃ》をつくって、日本《にほん》の経済《けいざい》をかえたんです。

でも渋沢先生《しぶさわせんせい》はただ会社《かいしゃ》をつくってお金《かね》をもうければいい、と思《おも》ったのではありません。人《ひと》として正《ただ》しいやり方《かた》でお金《かね》をもうけ、世《よ》の中《なか》のためにつかって、日本《にほん》を元気《げんき》にしなくちゃいけないと考《かんが》えたんです。この発想《はっそう》がすばらしかったんですね。

渋沢先生《しぶさわせんせい》が参考《さんこう》にしたのが、中国《ちゅうごく》の孔子《こうし》という人《ひと》が書《か》いた『論語《ろんご》』でした。『論語《ろんご》』には、人《ひと》がどう生《い》きるべきかが書《か》いてあります。先生《せんせい》はビジネスをやるのに、『論語《ろんご》』の言葉《ことば》がたいへん役立《やくだ》つと思《おも》ったのです。だから『論語《ろんご》と算盤《そろばん》』という本《ほん》を書《か》いたんです。

渋沢先生《しぶさわせんせい》のおかげで、みんなが正《ただ》しくお金《かね》をもうけたので、この国《くに》がどんどんゆたかになりました。いまみんなが平和《へいわ》でゆたかにくらせるのも渋沢先生《しぶさわせんせい》がいたからなんだね。みんなも正《ただ》しくお金《かね》をもうけて、世《よ》の中《なか》の役《やく》に立《た》つ人《ひと》になってください。

齋藤《さいとう》　孝《たかし》

目次

はじめに　2

第《だい》1章《しょう》　お金《かね》もうけは、いけないことじゃないよ

「人《ひと》として正《ただ》しく生《い》きることとお金《かね》をもうけることは両立《りょうりつ》するんだよ。」　10
論語《ろんご》と算盤《そろばん》は、甚《はなは》だ遠《とお》くして甚《はなは》だ近《ちか》いものである

「正《ただ》しいやり方《かた》でもうけたお金《かね》じゃないとたまらないよ。」　12
その富《とみ》をなす根源《こんげん》は何《なに》かといえば、仁義《じんぎ》道徳《どうとく》。
正《ただ》しい道理《どうり》の組《くみ》でなければ、その富《とみ》は完全《かんぜん》に永続《えいぞく》することができぬ

「正々堂々《せいせいどうどう》としたおさむらいさんの心《こころ》で商売《しょうばい》をすればうまくいくよ。」　14
士魂《しこん》にして商才《しょうさい》がなければならぬ

「お金《かね》に心《こころ》はないんだ。それをつかう人《ひと》しだいでよくも、悪《わる》くもなるんだよ。」　16
金《かね》は実《じつ》に威力《いりょく》あるものなれども、しかしながら、金《かね》はもとより無心《むしん》である。
善用《ぜんよう》さるると悪用《あくよう》されるとは、その使用者《しようしゃ》の心《こころ》にある

「お金《かね》はみんなのものなんだ。だからお金《かね》もちはまずしい人《ひと》がいなくなるようにお金《かね》を回《まわ》してあげないといけないんだよ。」　18
富《とみ》はすなわち、自己一人《じこいちにん》の専有《せんゆう》だと思《おも》うのは大《おお》いなる見当違《けんとうちが》いである

渋沢栄一《しぶさわえいいち》先生《せんせい》ってどんな人《ひと》？　20

第《だい》2章《しょう》 人生《じんせい》で成功《せいこう》するには、どうしたらいい？

「ピンチのときは一生懸命勉強《いっしょうけんめいべんきょう》して運《うん》が向《む》いてくるのをまとう。でも自分《じぶん》が原因《げんいん》でピンチになったときは反省《はんせい》して悪《わる》い点《てん》をあらためようね。」 22

自然的《しぜんてき》の逆境《ぎゃっきょう》に処《しょ》するに当《あ》たっては、まず天命《てんめい》に安《やす》んじ、おもむろに来《く》るべき運命《うんめい》を待《ま》ちつつ、撓《たゆ》まず屈《くっ》せず勉強《べんきょう》するがよい（略《りゃく》）人為的《じんいてき》の逆境《ぎゃっきょう》に陥《おちい》った場合《ばあい》は（略《りゃく》）何《なん》でも自分《じぶん》に省《かえり》みて悪《わる》い点《てん》を改《あらた》めるより外《ほか》はない

「競争《きょうそう》はいけないわけじゃないんだ。必要《ひつよう》な競争《きょうそう》もあるんだよ。」 24

争《あらそ》いは決《けっ》して絶対《ぜったい》に排斥《はいせき》すべきものでなく、処世《しょせい》の上《うえ》にも甚《はなは》だ必要《ひつよう》のものであろうかと信《しん》ずるのである

「かにが自分《じぶん》の体《からだ》にあわせてあなをほるように仕事《しごと》や勉強《べんきょう》も自分《じぶん》にあったやり方《かた》でやろうね。」 26

私《わたし》は蟹《かに》は甲羅《こうら》に似《に》せて穴《あな》を掘《ほ》るという主義《しゅぎ》で、渋沢《しぶさわ》の分《ぶん》を守《まも》るということを心掛《こころが》けておる

「どんな小《ちい》さな仕事《しごと》でも大切《たいせつ》なんだ。一生懸命《いっしょうけんめい》やらないとたいへんなことになるよ。」 28

およそどんな些細《ささい》な仕事《しごと》でも、それは大《おお》きな仕事《しごと》の一小部分《しょうぶぶん》で、これが満足《まんぞく》にできなければ、遂《つい》に結末《けつまつ》がつかぬことになる

「夢《ゆめ》をかなえたかったら勉強《べんきょう》し続《つづ》けることです。そうすれば実力《じつりょく》がついてきて夢《ゆめ》がかなうよ。」 30

勉強《べんきょう》の心《こころ》を失《うしな》ってしまえば、その人《ひと》は到底進歩《とうていしんぽ》発達《はったつ》するものではない

「自分《じぶん》が伸《の》びるためにはいい先生《せんせい》を選《えら》ぶことです。なにごとも先生《せんせい》しだいなんですね。」 32

皆《みな》その良師《りょうし》を択《えら》んで学《がく》を修《おさ》め、徳《とく》を磨《みが》いたのである

「一時《いちじ》は失敗《しっぱい》に見《み》えても努力《どりょく》はむだにならないよ。必《かなら》ず天《てん》が味方《みかた》してくれます。」 34

仮令《たとい》、一時《いっとき》は失敗《しっぱい》のごとくに見《み》えても、長《なが》い時間《じかん》のうちには努力《どりょく》の功空《こうむな》しからず

何百《なんびゃく》という会社《かいしゃ》をつくった人《ひと》だよ　36

第《だい》3章《しょう》　何《なに》をするにも、「やる気《き》」はだいじだね

いま、はやっている新《あたら》しいものをどんどん取り入《い》れていく気《き》もちがだいじだよ。

進取《しんしゅ》の気象《きしょう》を忘《わす》れてしまっては何《なん》にもならぬ　38

自分《じぶん》でやる気《き》になって、自分《じぶん》でやらないとちゃんとしたことはできないよ。

何《なに》か一《ひ》と仕事《しごと》しようとする者《もの》は、自分《じぶん》で箸《はし》を取《と》らなければ駄目《だめ》である　40

おへその下《した》に力《ちから》をこめると、気《き》もちがおちついて勇気《ゆうき》がわいてくるよ。

下腹部《かふくぶ》に力《ちから》を籠《こ》める習慣《しゅうかん》を生《しょう》ずれば、心寛《こころひろ》く体胖《たいゆた》かなる人《ひと》となりて、沈着《ちんちゃく》の風《かぜ》を生《しょう》じ、勇気《ゆうき》ある人《ひと》となるのである　42

恵《めぐ》まれたところにいなくても、「何《なに》が何《なん》でもやってやる」という気《き》もちがだいじなんですね。

同《おな》じく人間《にんげん》と生《う》まれ出《で》た甲斐《かい》には、何《なに》が何《なん》でも武士《ぶし》にならなくては駄目《だめ》である　44

すきなことをやるのがだいじだよ。なぜかというと何《なに》ごとも、熱意《ねつい》が重要《じゅうよう》だからです。

趣味《しゅみ》を持《も》って事物《じぶつ》を処《しょ》する（略《りゃく》）自分《じぶん》の職掌《しょくしょう》に対《たい》しては、必《かなら》ずこの熱誠《ねっせい》がなくてはならぬ　46

ただの元気《げんき》じゃ意味《いみ》ないよ。人《ひと》に頼《たよ》らないで自分《じぶん》のことをちゃんとやっていることが本当《ほんとう》の元気《げんき》なんだ。

自《みずか》ら助《だす》け、自《みずか》ら守《まも》り、自《みずか》ら治《おさ》め、自《みずか》ら活《い》きる、これらと同様《どうよう》な自尊《じそん》なれば宜《よ》い　48

お金《かね》はみんな社会《しゃかい》のためにつかったんだよ　50

第《だい》4章《しょう》 いちばんだいじなことは「信用《しんよう》」だよ

判断力《はんだんりょく》があって人《ひと》の気《き》もちがわかって、意志《いし》がつよいこと。この三つがあればだいじょうぶ。
『智《ち》、情《じょう》、意《い》』の三者《さんしゃ》が各々《おのおの》権衡《けんこう》を保《たも》ち、平等《びょうどう》に発達《はったつ》したものが完全《かんぜん》の常識《じょうしき》だろう
52

おしゃべりで失敗《しっぱい》することもあるけど、いいこともあるんだよ。
口《くち》は禍《わざわい》の門《もん》であるとともに、福《ふく》の門《もん》でもある
54

子《こ》どものころにいい習慣《しゅうかん》をつけるとそれが個性《こせい》になるよ。
幼少《ようしょう》の頃《ころ》から青年期《せいねんき》を通《つう》じては、非常《ひじょう》に習慣《しゅうかん》のつきやすい時《とき》である。それゆえに、この時期《じき》を外《はず》さず良習慣《りょうしゅうかん》をつけ、それをして個性《こせい》とするようにしたいものである
56

いけないことはきっぱりことわるのがいいよ。そのかくごでいれば、悪《わる》いさそいもこなくなります。
それは正義《せいぎ》に背《そむ》く行為《こうい》であるから、私《わたし》にはできぬといって、キッパリ断《ことわ》るくらいの覚悟《かくご》をもって商売《しょうばい》をしたならば、必《かなら》ずそんな誘導《ゆうどう》の起《お》こるものではない
58

仕事《しごと》をする上《うえ》でいちばん大切《たいせつ》なのは「信用《しんよう》」ということです。
いわゆる商業《しょうぎょう》の徳義《とくぎ》はどうして立《た》て通《とお》すようにして、最《もっと》も重要《じゅうよう》なるは信《しん》である
60

自分《じぶん》がやられていやなことはやっちゃダメ。自分《じぶん》の国《くに》だけよければいいという考《かんが》えはやめようね。
おのれの欲《ほっ》せざる所《ところ》は人《ひと》にも施《ほどこ》さずして、東洋流《とうようりゅう》の道徳《どうとく》を進《すす》め、弥増《いやま》しに平和《へいわ》を継続《けいぞく》して、各国《かっこく》の幸福《こうふく》を進《すす》めて行《い》きたいと思《おも》う
62

『論語《ろんご》』は渋沢《しぶさわ》先生《せんせい》の愛読書《あいどくしょ》 64

第《だい》5章《しょう》　人生《じんせい》に大黒柱《だいこくばしら》をたてよう

「失敗《しっぱい》したからといっておちこまない。人《ひと》として正《ただ》しいと思《おも》うことをちゃんとやればいいんだよ。」　66
得意時代《とくいじだい》だからとて気《き》を緩《ゆる》さず、失意《しつい》の時《とき》だからとて落胆《らくたん》せず、情操《じょうそう》をもって道理《どうり》を踏《ふ》み通《とお》すように、心掛《こころが》けて出《で》ることが肝要《かんよう》である

「世《よ》の中《なか》をよくしようという夢《ゆめ》を志《こころざし》というんだ。志《こころざし》をもたない人生《じんせい》なんて、柱《はしら》がない家《いえ》みたいなもんだよ。」　68
立志《りっし》は人生《じんせい》という建築《けんちく》の骨子《こっし》

「機械《きかい》があるだけじゃダメなんだよ。それをささえる人間《にんげん》がいてはじめて文明《ぶんめい》が進歩《しんぽ》するんだ。」　70
真正《しんせい》の文明《ぶんめい》ということは、すべての制度文物《せいどぶんぶつ》の具備《ぐび》と、それから一般国民《いっぱんこくみん》の人格《じんかく》と智能《ちのう》とによりて、初《はじ》めて言《い》い得《う》るだろうと思《おも》う

「結果《けっか》だけ見《み》てうらやましいと思《おも》わないで、そうなるための努力《どりょく》を見《み》ようね。」　72
人《ひと》の結末《けつまつ》だけを見《み》てこれを欽羨《きんせん》し、その結末《けつまつ》を得《う》る原因《げんいん》がどれほどであったかということに、見到《みいた》らぬ弊《へい》が多《おお》くてならぬ

「昔《むかし》はよかったという人《ひと》がいるけど、いまの人《ひと》がダメなわけじゃありません。」　74
昔《むかし》の少数《しょうすう》の偉《えら》い青年《せいねん》と、現今《げんこん》の一般青年《いっぱんせいねん》とを比較《ひかく》し来《きた》りて、かれこれ言《い》うことは少《すこ》しく誤《あやま》っている

「自分《じぶん》でつかんだものじゃないと運《うん》はにげちゃうよ。」　76
自《みずか》ら努力《どりょく》して運《うん》なるものを開拓《かいたく》せねば、決《けっ》してこれを把持《はじ》するということは不可能《ふかのう》である

おわりに　78

注　この本《ほん》で紹介《しょうかい》している文章《ぶんしょう》は、『論語《ろんご》と算盤《そろばん》』（角川《かどかわ》ソフィア文庫《ぶんこ》）を参照《さんしょう》しています。

第《だい》1章《しょう》

お金《かね》もうけは、いけないことじゃないよ

お金《かね》もうけはいけないことなんだろうか？　そんなことはないんだよ。だってまずしい人《ひと》をたすけるためにも、お金《かね》はいるよね。

お金《かね》をちゃんともうけて、世《よ》の中《なか》のために正《ただ》しくつかえばいいんだよ。

この章《しょう》では、お金《かね》に対《たい》する正《ただ》しい心《こころ》がまえが学《まな》べるよ。

お金《かね》もうけは、いけないことなの？

人《ひと》として正《ただ》しく
生《い》きることと
お金《かね》をもうけることは
両立《りょうりつ》するんだよ。

論語《ろんご》と算盤《そろばん》は、甚《はなは》だ遠《とお》くして
甚《はなは》だ近《ちか》いものである（第《だい》一章《しょう》）

お金《かね》もうけは 全然《ぜんぜん》悪《わる》いことじゃないよ

お金《かね》もうけをするのは、あんまりいいことじゃない、と思《おも》っている人《ひと》はいないかな。人《ひと》として正《ただ》しく生《い》きている人《ひと》は、お金《かね》もうけとか、あんまり考《かんが》えないんじゃないかと思《おも》っている人《ひと》もいるよね。でも渋沢栄一《しぶさわえいいち》先生《せんせい》は、「お金《かね》もうけと、正《ただ》しく生《い》きることは、両方《りょうほう》とも同時《どうじ》にできるんだよ」といっています。

先生《せんせい》は「論語《ろんご》とそろばんはセットになっています」といっています。『論語《ろんご》』というのは、人《ひと》としての正《ただ》しい生《い》き方《かた》を書《か》いた本《ほん》の名前《なまえ》。そろばんというのはお金《かね》のことで、当時《とうじ》はお金《かね》の計算《けいさん》をそろばんでやっていたので、渋沢先生《しぶさわせんせい》がお金《かね》という意味《いみ》でつかったんだね。そのふたつがどうしてセットになっているといっているのかというと、お金《かね》がないと世《よ》の中《なか》が回《まわ》っていかないからなんです。

みんなが食《た》べたり、学校《がっこう》に行《い》ったり、生活《せいかつ》するためにお金《かね》が必要《ひつよう》だよね。そしてそのお金《かね》を正《ただ》しくつかうためには『論《ろん》語《ご》』のような正《ただ》しい生《い》き方《かた》の教《おし》えも必要《ひつよう》です。両方《りょうほう》あると、お金《かね》を正《ただ》しくつかって、よりよい世《よ》の中《なか》をつくることができるんだ。

悪《わる》いことをして お金《かね》もうけを したら どうなるの？

「正《ただ》しいやり方《かた》で もうけた お金《かね》じゃないと たまらないよ。」

その富《とみ》をなす根源《こんげん》は何《なに》かといえば、仁義《じんぎ》道徳《どうとく》。正《ただ》しい道理《どうり》の組《くみ》でなければ、その富《とみ》は完全《かんぜん》に永続《えいぞく》することができぬ（第《だい》一章《しょう》）

悪《わる》いことをしてもうけても、お金《かね》はすぐなくなります

お金《かね》をもうけてもすぐなくなっちゃうことがあるんだ。それは悪《わる》いことをしてもうけたお金《かね》だからだよ。たとえば人《ひと》をだましたり、ぬすんだりしてお金《かね》をもうけても、「悪銭身《あくせんみ》につかず」といって、すぐなくなることになっているんだ。

ギャンブルでもうけたお金《かね》も同《おな》じだよ。ギャンブルではちょっとお金《かね》をかけただけで、その何倍《なんばい》、何百倍《なんびゃくばい》にもなって返《かえ》ってくることもあるけど、そういうのは「あぶく銭《ぜに》」といって、やっぱりすぐなくなっちゃうんです。

ずっとお金《かね》もちでいたかったら、やっぱり正《ただ》しいやり方《かた》でお金《かね》をもうけないといけないんだね。それを渋沢先生《しぶさわせんせい》は「仁《じん》義道徳《ぎどうとく》」といっています。

「仁義道徳《じんぎどうとく》」とは人《ひと》として正《ただ》しく生《い》きることです。そのことについて書《か》いてあるのが『論語《ろんご》』なんだね。お金《かね》もうけの大《おお》元《もと》にあるのが、「仁義道徳《じんぎどうとく》」。

だから『論語《ろんご》』とそろばんはセットです。

悪《わる》いことをしてお金《かね》をもうけるくらいなら、まずしいままでいてもいいよね。

おなかがすいても、ほかのパンダの笹《ささ》は横《よこ》どりしません！

仕事《しごと》はどうやってするの?

士《し》魂《こん》にして商才《しょうさい》がなければならぬ（第《だい》一章《しょう》）

「正々堂々《せいせいどうどう》としたおさむらいさんの心《こころ》で商売《しょうばい》をすればうまくいくよ。」

きたない心《こころ》で商売《しょうばい》をしても うまくいきません

どうやってビジネスをするのかというと、渋沢先生《しぶさわせんせい》は「武《ぶ》士《し》の心《こころ》でやりなさい」といっています。当時《とうじ》、おさむらいさんはあまり商売《しょうばい》をしなかったんだ。たまに商売《しょうばい》をしても、そういうことになれていないので、よく失敗《しっぱい》しました。

だからおさむらいさんの商売《しょうばい》は「武士《ぶし》の商法《しょうほう》」といって、「そんなやり方《かた》じゃだめだよ。武士《ぶし》の商法《しょうほう》だよ」と、ちょっとからかうような見方《みかた》をされていたんだね。

でも渋沢先生《しぶさわせんせい》は「武士《ぶし》のような心《こころ》で商売《しょうばい》をしよう」といったんです。「武士《ぶし》のような心《こころ》」とは、うそをつかない心《こころ》です。おさむらいさんはひきょうなことがきらいで、清《きよ》らかな強《つよ》い精神《せいしん》をもっていました。その心《こころ》で世《よ》の中《なか》のために商売《しょうばい》をしたら、お客《きゃく》さんも安心《あんしん》だし、そこでやとわれている人も安心《あんしん》して働《はたら》けるよね。

ぼくたちが働《はたら》いたり、商売《しょうばい》をしたりするときも、「武士《ぶし》の心《こころ》」をもっていれば、正《ただ》しいお金《かね》もうけができます。「士魂《しこん》商才《しょうさい》」は渋沢先生《しぶさわせんせい》がつくった言《こと》葉《ば》ですが、武士《ぶし》と商売《しょうばい》というふたつをくっつけたところがたいへんおもしろいいい方《かた》ですね。

武士《ぶし》の心《こころ》を
もった
パンダを
めざします

お金《かね》は悪《わる》いものなの？

「お金《かね》に心《こころ》はないんだ。
それをつかう人《ひと》しだいで
よくも、悪《わる》くもなるんだよ。」

金《かね》は実《じつ》に威力《いりょく》あるものなれども、しかしながら、金《かね》はもとより無心《むしん》である。善用《ぜんよう》さるると悪用《あくよう》されるとは、その使用者《しようしゃ》の心《こころ》にある（第四章《だいしょう》）

お金《かね》はそれをつかう人《ひと》の心《こころ》しだいなんだね

よく「お金《かね》で人生《じんせい》がくるわされた」とか「お金《かね》さえなければ、こんな争《あらそ》いにならなくてすんだのに」とか、お金《かね》を悪者《わるもの》のようにいう人《ひと》がいるよ。だけど、お金《かね》そのものは、人《ひと》みたいに心《こころ》がないんだ。だから、お金《かね》が人《ひと》に悪《わる》いことをしてやろうとか、人《ひと》の人生《じんせい》をくるわせてやろうと思《おも》ったりはしないんです。

でもお金《かね》をもっていると、その人《ひと》がすごくパワーを出《だ》せるから気《き》をつけたほうがいいんだね。だってお金《かね》をもっていれば、何《なん》でも買《か》えるし、人《ひと》を家来《けらい》にすることだってできるよね。お金《かね》をいいことにつかうのか、悪《わる》いことにつかうのかは、もっている人《ひと》の心《こころ》しだいなんだ。渋沢先生《しぶさわせんせい》は、「世《よ》の中《なか》でちゃんとした人《ひと》として生《い》きていくためには、お金《かね》に対《たい》するかくごが必要《ひつよう》だよ」といっています。

そして自分《じぶん》はこれだけのお金《かね》をもっているんだとじかくして、責任《せきにん》をもってかんりしないといけないんだ。「お金《かね》にはきょうみない」なんていっていると、知《し》らないうちにお金《かね》が悪《わる》いことにつかわれているかもしれないから、注意《ちゅうい》しようね。

もうけたお金《かね》は自分《じぶん》のすきにしていいの？

「お金《かね》はみんなのものなんだ。
だからお金《かね》もちは
まずしい人《ひと》が
いなくなるように
お金《かね》を回《まわ》してあげないと
いけないんだよ。」

富《とみ》はすなわち、自《じ》己《こ》一《いち》人《にん》の専有《せんゆう》だと思《おも》うのは大《おお》いなる見当違《けんとうちが》いである（第《だい》四章《しょう》）

お金《かね》をもうけたら社会《しゃかい》に返《かえ》すのが正《ただ》しいんだよ

お金《かね》をもうけたら、全部《ぜんぶ》自分《じぶん》ですき勝手《かって》につかっちゃっていい気《き》がするけど、渋沢先生《しぶさわせんせい》はそれはいけないといっているんだね。だってお金《かね》をもうけるためには、いろんな人《ひと》の協力《きょうりょく》が必要《ひつよう》だったはずだよね。社会《しゃかい》のおせわにもなっているはずです。だからお金《かね》をもうけたら、ちゃんと社会《しゃかい》におれいをしないといけないんだ。

渋沢先生《しぶさわせんせい》もものすごくお金《かね》をもうけたのに、みんな社会《しゃかい》にきふしてしまいました。人《ひと》のかちは世《よ》の中《なか》にどれだけこうけんしたかできまるんだ。

ドケチで、お金《かね》をためこんで、庭《にわ》にかくして死《し》んじゃう、みたいな人《ひと》は「守銭奴《しゅせんど》」（お金《かね》のどれい）っていわれて、バカにされます。いっぽうで、たいしたお金《かね》もないのに全部《ぜんぶ》つかっちゃう人《ひと》もいるね。それは「浪費家《ろうひか》」といわれます。どっちもよくないんだ。

たくさんお金《かね》をもうけて、そして世《よ》の中《なか》のためにたくさんつかいましょう。そうやって、社会《しゃかい》がゆたかになって、まずしい人《ひと》をたすけてあげることができるんだよ。

渋沢栄一先生《しぶさわえいいちせんせい》ってどんな人《ひと》？

渋沢先生《しぶさわせんせい》は日本《にほん》の経済《けいざい》のしくみをつくった「日本資本主義《にほんしほんしゅぎ》の父《ちち》」とよばれている人《ひと》です。江戸時代《えどじだい》のおわり、一八四〇年《ねん》に埼玉県《さいたまけん》深谷市《ふかやし》というところで生《う》まれました。家《いえ》は大《おお》きな農家《のうか》で、農業《のうぎょう》のほかに染《そ》め物《もの》の材料《ざいりょう》や、かいこから絹《きぬ》をとる商売《しょうばい》もしていました。渋沢先生《しぶさわせんせい》も早《はや》くからそろばんをはじいて、商売《しょうばい》をしていたので、のちに経済界《けいざいかい》でかつやくすることができたのです。

大人《おとな》になってからは将軍《しょうぐん》のしんせきである一橋家《ひとつばしけ》につかえて、才能《さいのう》をみとめられます。二七歳《さい》のとき、ヨーロッパに行《い》くきかいがあって西洋《せいよう》のビジネスを見《み》てきます。そして日本《にほん》にもどると、さっそく銀行《ぎんこう》やたくさんの会社《かいしゃ》をつくり、日本《にほん》の新《あたら》しい国《くに》づくりに大《おお》きな力《ちから》をはっきしました。九一歳《さい》まで長生《ながい》きして、最後《さいご》まで日本《にほん》の社会《しゃかい》のためにつくした人《ひと》です。

第《だい》2章《しょう》

人生《じんせい》で成功《せいこう》するには、どうしたらいい？

自分《じぶん》だけ得《とく》しようという人《ひと》は、人生《じんせい》で成功《せいこう》することができません。だってそんな人《ひと》はきらわれて、だれもたすけてくれないから。

成功《せいこう》するには、人間《にんげん》として正《ただ》しく生《い》きなきゃいけないんです。

この章《しょう》には、人生《じんせい》で大成功《だいせいこう》した渋沢《しぶさわ》先《せん》生《せい》の言葉《ことば》がたくさん書《か》いてあります。

ピンチのときは、どうしたらいいの？

「ピンチのときは
一生懸命《いっしょうけんめい》勉強《べんきょう》して
運《うん》が向《む》いてくるのをまとう。
でも自分《じぶん》が原因《げんいん》で
ピンチになったときは
反省《はんせい》して悪《わる》い点《てん》をあらためようね。」

自然的《しぜんてき》の逆境《ぎゃっきょう》に処《しょ》するに当《あ》たっては、まず
天命《てんめい》に安《やす》んじ、おもむろに来《く》るべき運命《うんめい》を
待《ま》ちつつ、撓《たゆ》まず屈《くっ》せず勉強《べんきょう》するがよい（略《りゃく》）
人為的《じんいてき》の逆境《ぎゃっきょう》に陥《おちい》った場合《ばあい》は（略《りゃく》）何《なん》でも
自分《じぶん》に省《かえり》みて悪《わる》い点《てん》を改《あらた》めるより外《ほか》はない
（第《だい》一章《しょう》）

チャンスがくるのを気長《きなが》にまつこともだいじだよ

ピンチというのは大《おお》きくわけて二種類《しゅるい》あるんだ。ひとつは自分《じぶん》のせいでピンチになったとき。たとえば全然勉強《ぜんぜんべんきょう》していなくて、テストを受《う》けたらひどい点数《てんすう》をとって、ピンチ！　なんてときがあるよね。そういうときは自分《じぶん》が悪《わる》いんだから、ちゃんと反省《はんせい》して、次《つぎ》からはがんばらなきゃいけないね。

もうひとつは自分《じぶん》のせいじゃないのにピンチになったとき。スポーツ選手《せんしゅ》が、相手《あいて》のせいでけがしちゃう、なんてときがそうだよね。けがで何《なん》カ月《げつ》も試合《しあい》を休《やす》まなきゃならなくなったら、プロの選手《せんしゅ》なら大《だい》ピンチです。

でもそういうとき、多《おお》くの選手《せんしゅ》はどう思《おも》うのかというと「いい休《やす》みだと思《おも》います」といって、その間《あいだ》、十分体《じゅうぶんからだ》を休《やす》めたり、けがが悪《わる》くならない程度《ていど》にリハビリしたりしているんだ。

自分《じぶん》のせいじゃないのにピンチになったら、そのことについてあせったり、絶望《ぜつぼう》したりしてもしかたないよ。自分《じぶん》なりの努力《どりょく》をして、チャンスがくるのをまつのがいいと思《おも》います。

ピンチはチャンス、ともいいますね

競争《きょうそう》はいけないこと？

競争《きょうそう》はいけないわけじゃないんだ。必要《ひつよう》な競争《きょうそう》もあるんだよ。

争《あらそ》いは決《けっ》して絶対《ぜったい》に排斥《はいせき》すべきものでなく、処世《しょせい》の上《うえ》にも甚《はなは》だ必要《ひつよう》のものであろうかと信《しん》ずるのである（第《だい》一章《しょう》）

競争《きょうそう》にはいい競争《きょうそう》と悪《わる》い競争《きょうそう》があるよ

競争《きょうそう》するのはあまりよくないという人《ひと》もいるんだけど、そうじゃないよ。いい競争《きょうそう》と悪《わる》い競争《きょうそう》があるんだ。悪《わる》い競争《きょうそう》とは、ズルをしたり、いじわるをしたりするものをいいます。でもおたがいに切磋琢磨《せっさたくま》（はげましあって、努力《どりょく》すること）して、成長《せいちょう》できる競争《きょうそう》なら、いい競争《きょうそう》です。どんどんやったほうがいいんだよ。

たとえばボクシングみたいに二人《ふたり》でなぐりあう競技《きょうぎ》でも、試合《しあい》がおわったらだきあって、おたがいに相手《あいて》のファイトをたたえあいます。サッカーの試合《しあい》でも、試合《しあい》が終《お》わると、あくしゅしたり、おたがいのユニフォームをこうかんしたりするよね。ライバルとなる競争相手《きょうそうあいて》がいるから、強《つよ》くなれることをみんな知《し》っているんだ。

まんがでも、主人公《しゅじんこう》のほかにたいていライバルが登場《とうじょう》するよね。敵《てき》が全然《ぜんぜん》いなくて、一人《ひとり》で勝《か》ちまくっているまんがなんてちっともおもしろくありません。会社《かいしゃ》どうしでも競争《きょうそう》はあるんだけど、競争《きょうそう》するからよりいいものがつくられていくんだ。

ライバルといい競争《きょうそう》をして、おたがいに成長《せいちょう》していこうね。

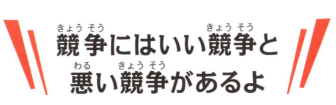

成功《せいこう》するには、どんなやり方《かた》がいいの？

「かにが自分《じぶん》の体《からだ》に
あわせてあなを
ほるように
仕事《しごと》や勉強《べんきょう》も
自分《じぶん》にあったやり方《かた》で
やろうね。」

私《わたし》は蟹《かに》は甲羅《こうら》に似《に》せて穴《あな》を掘《ほ》るという主義《しゅぎ》で、渋沢《しぶさわ》の分《ぶん》を守《まも》るということを心掛《こころが》けておる（第《だい》一章《しょう》）

自分《じぶん》に向《む》いていることを やればいいんだよ

渋沢先生《しぶさわせんせい》は「かにがあなをほるように、勉強《べんきょう》や仕事《しごと》をやろうね」といっています。かにって、大《おお》きいこうらのかには大《おお》きいあな、小《ちい》さいかにはちっちゃいあな、それぞれ自分《じぶん》にあったあなをほるよね。

「かにのこうら」とは何《なに》かというと、自分《じぶん》の向《む》き、不向《ふむ》きや才能《さいのう》のことをいっているんだよ。それぞれ自分《じぶん》にあったあなをほって、その道《みち》を進《すす》めばいいんです。

会社《かいしゃ》をつくって活動《かつどう》する世界《せかい》、これを実業界《じつぎょうかい》というんだけど、渋沢先生《しぶさわせんせい》は、そのあなをほったんだね。

ぼくは小学校《しょうがっこう》のとき、音楽《おんがく》の成績《せいせき》が最悪《さいあく》でした。だからぼくがミュージシャンになりたいとねがったとしても、むずかしかったと思《おも》う。

じゃあ、何《なに》が向《む》いているのかと考《かんが》えたときに、人《ひと》を教《おし》えるのは大《だい》すきだし、大学《だいがく》というところもすきだと思《おも》いました。

だからいまの仕事《しごと》をしているんだ。

みんなも自分《じぶん》の「かにのこうら」は何《なに》かなあ、と考《かんが》えて、向《む》いているものをさがしてね。

速《はや》く
走《はし》ることは、
きっぱり
あきらめました

小《ちい》さい
仕事《しごと》ばかりで、
つまらないなあ

およそどんな些細《ささい》な仕事《しごと》でも、それは大《おお》きな仕事《しごと》の一小部分《しょうぶぶん》で、これが満足《まんぞく》にできなければ、遂《つい》に結末《けつまつ》がつかぬことになる（第二章《だいにしょう》）

「どんな小《ちい》さな
仕事《しごと》でも
大切《たいせつ》なんだ。
一生懸命《いっしょうけんめい》やらないと
たいへんなことになるよ。」

一生懸命《いっしょうけんめい》やっている人《ひと》は、必《かなら》ずだれかがほめてくれるよ

ときどき「こんなちっちゃな仕事《しごと》、やりたくない」という人《ひと》がいます。でもどんなに小《ちい》さな仕事《しごと》でも大《おお》きな仕事《しごと》の一部《ぶ》分《ぶん》です。ちゃんとやらないと、仕事《しごと》が完成《かんせい》しなくなっちゃいます。

大《おお》きな機械《きかい》も、たくさんの小《ちい》さな部品《ぶひん》でできているよね。そのうちのひとつでもなくなったら、ちゃんと動《うご》かなかったり、こしょうしたりします。人間《にんげん》の仕事《しごと》も同《おな》じで、たとえば銀行《ぎんこう》ではたくさんの人《ひと》が働《はたら》いているけど、一人《ひとり》が計算《けいさん》まちがいをすると、全員《ぜんいん》が帰《かえ》れないで、何度《なんど》も計算《けいさん》し直《なお》すんだって。だから「こんな小《ちい》さな計算《けいさん》くらい、いいかげんでいいや」と思《おも》っていると、たいへんなことになっちゃうんだ。

自分《じぶん》にあたえられた仕事《しごと》は、どんなに小《ちい》さなものだろうと、一生懸命《いっしょうけんめい》やる人《ひと》は、必《かなら》ずだれかがみとめてくれます。ぼくの大学《だいがく》でも、どんな小《ちい》さな宿題《しゅくだい》でも一生懸命《いっしょうけんめい》やる学生《がくせい》が、就職《しゅうしょく》するとき、いろんな会社《かいしゃ》から「ほしい」「ほしい」といわれます。一生懸命《いっしょうけんめい》やれば成功《せいこう》するように、世《よ》の中《なか》はできているんだね。

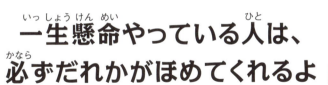

どうしたら夢《ゆめ》はかなうの?

勉《べん》強《きょう》の心《こころ》を失《うしな》ってしまえば、その人《ひと》は到《とう》底《てい》進《しん》歩《ぽ》発《はっ》達《たつ》するものではない（第《だい》三章《しょう》）

夢《ゆめ》をかなえたかったら
勉《べん》強《きょう》し続《つづ》ける
ことです。
そうすれば実《じつ》力《りょく》が
ついてきて
夢《ゆめ》がかなうよ。

リフティングの練習
今日で1000日目!!

人生《じんせい》は努力《どりょく》にあり！ 努力《どりょく》し続《つづ》けた人《ひと》が成功《せいこう》するんだ

どういうふうにすれば夢《ゆめ》がかなうのかというと、これはもう勉強《べんきょう》し続《つづ》けるしかありません。学校《がっこう》の勉強《べんきょう》だけじゃないよ。自分《じぶん》がやりたいと思《おも》っていることを一生懸命《いっしょうけんめい》やり続《つづ》けるんです。それをずーっと続《つづ》けていくと、すごく実力《じつりょく》がついてくるんだ。だから「人生《じんせい》は努力《どりょく》にあり！」です。

「人生《じんせい》は才能《さいのう》がだいじか、それとも努力《どりょく》がだいじか」っていったら、渋沢先生《しぶさわせんせい》だったら、「努力《どりょく》」っていうだろうね。才能《さいのう》があっても、努力《どりょく》しない人《ひと》は、夢《ゆめ》が実現《じつげん》できないんです。

ぼくの友《とも》だちで、ものすごく泳《およ》ぐのが速《はや》い子《こ》がいたんだ。先生《せんせい》が「水泳競技《すいえいきょうぎ》をやったら」とすすめたのに、「練習《れんしゅう》がきらいだから」って、やらなかったんだよ。べつの友《とも》だちは、泳《およ》ぐ速《はや》さはそれほどでもなかったけど、泳《およ》ぐのが大《だい》すきで一生懸命練習《いっしょうけんめいれんしゅう》していたんだ。

あるとき、気《き》づいたらその子《こ》は泳《およ》ぐのがもともと速《はや》い子《こ》よりもっといいタイムが出《だ》せるようになっていたんだって。そして中学《ちゅうがく》に行《い》ったら、県大会《けんたいかい》で優勝《ゆうしょう》するくらいになっていたんだよ。ずっとやり続《つづ》けると、夢《ゆめ》がかなうんだね。

じつは、ひそかにでんぐり返《がえ》りの練習《れんしゅう》してます

もっと
できるようになるには
どうしたらいい？

「自分《じぶん》が伸《の》びるためには
いい先生《せんせい》を
選《えら》ぶことです。
なにごとも
先生《せんせい》しだいなんですね。」

皆《みな》その良師《りょうし》を択《えら》んで学《がく》を修《おさ》め、
徳《とく》を磨《みが》いたのである（第《だい》九章《しょう》）

心《こころ》の中《なか》でもいいから、いい先生《せんせい》をもとう

その世界《せかい》でプロになって成功《せいこう》している人《ひと》は、みないい先生《せんせい》を選《えら》んでいるんだよ。テニスの錦織圭選手《にしこりけいせんしゅ》って知《し》ってるかな？ 彼《かれ》はまだ子《こ》どもだったころ、元プロテニスプレイヤーの松岡修造《まつおかしゅうぞう》さんのテニスの授業《じゅぎょう》「修造《しゅうぞう》チャレンジ」に参加《さんか》したんだ。修造《しゅうぞう》さんからじかにはげまされ、泣《な》きながらがんばったそうです。だから、あんなに強《つよ》い選手《せんしゅ》になれたんだね。

みんなも大学《だいがく》へ行《い》くようになると、自分《じぶん》で先生《せんせい》がえらべます。そんけいしている先生《せんせい》に学《まな》びたいから、その先生《せんせい》がいる大学《だいがく》をうけるという人《ひと》もいるんだよ。

直接先生《ちょくせつせんせい》とあえなくても、心《こころ》の中《なか》であこがれの先生《せんせい》をもっていて、はげみにするのでもいいんです。

『仮面《かめん》ライダー』をかいた石《いし》ノ森章太《もりしょうた》郎《ろう》さんという漫画家《まんがか》は、『鉄腕《てつわん》アトム』をかいた手塚治虫《てづかおさむ》さんの漫画《まんが》を見《み》て衝撃《しょうげき》をうけたんだって。そして手塚《てづか》さんの漫画《まんが》をまねして勉強《べんきょう》しながら、自分《じぶん》も有名《ゆうめい》な漫画《まんが》家《か》になっていったんだよ。

いい先生《せんせい》を見《み》つけるのは大切《たいせつ》なことなんだね。

泳《およ》げる
シロクマさんに
あこがれてます

失敗《しっぱい》ばかり。ついてないなあ

「一時《いちじ》は失敗《しっぱい》に見《み》えても努力《どりょく》はむだにならないよ。必《かなら》ず天《てん》が味方《みかた》してくれます。」

仮令《たとい》、一時《いっとき》は失敗《しっぱい》のごとくに見《み》えても、長《なが》い時間《じかん》のうちには努力《どりょく》の功《こう》空《むな》しからず（第《だい》一〇章《しょう》）

あー!!
失敗!!
大丈夫!
先生もいっぱい失敗して上手になったのよ

失敗《しっぱい》から学《まな》べば、成功《せいこう》するよ

「失敗《しっぱい》した。ついてないな」と思《おも》っても、それは失敗《しっぱい》じゃないんだよ。そうエジソンがいっています。エジソンは発明王《はつめいおう》といわれていて、たくさんの発明《はつめい》をした人《ひと》だけど、失敗《しっぱい》も数《かぞ》えきれないほどしています。でもエジソンは一度《ど》も失敗《しっぱい》したとは思《おも》っていないんだって。「このやり方《かた》ではダメだということがわかったから、これは成功《せいこう》なんだ」といって、あきらめずにやり続《つづ》けたんだ。だから発明王《はつめいおう》になれたんだね。とちゅうでやめちゃったら、ぜったい発明王《はつめいおう》になれなかったよ。

メジャーリーガーのイチロー選手《せんしゅ》も、試合《しあい》に出《で》て、打《う》つのを失敗《しっぱい》しちゃったとき、「あ、こうやって打《う》てばいいんだ」と気《き》がついたんだって。それからばんばん打《う》てるようになったんだよ。

失敗《しっぱい》から学《まな》べば、それは失敗《しっぱい》ではありません。『論語《ろんご》』を書《か》いた孔子先生《こうしせんせい》もいっています。「過《あやま》ちて改《あらた》めざる、これを過《あやま》ちという」。失敗《しっぱい》を直《なお》さないのが失敗《しっぱい》なんだ。努力《どりょく》し続《つづ》けていれば、必《かなら》ず天《てん》は味方《みかた》してくれて、運《うん》がよくなっていくんだよ。

何百《なんびゃく》という会社《かいしゃ》をつくった人《ひと》だよ

ヨーロッパに行《い》って、向《む》こうには会社《かいしゃ》がたくさんあることを知《し》った渋沢先生《しぶさわせんせい》は、さっそく日本《にほん》にも会社《かいしゃ》をつくろうと思《おも》いました。最初《さいしょ》は国《くに》のお役人《やくにん》になって、会社《かいしゃ》にお金《かね》をかす、国《くに》の銀行《ぎんこう》をつくりました。

そしてお役人《やくにん》をやめると、銀行《ぎんこう》のいちばんえらい人《ひと》になって、たくさんの会社《かいしゃ》をつくりました。その数《かず》は五〇〇以上《いじょう》といわれています。鉄道会社《てつどうがいしゃ》やガス会社《がいしゃ》、セメントや紙《かみ》をつくる会社《かいしゃ》など、当時《とうじ》の日本《にほん》の生活《せいかつ》を支えるのに重要《じゅうよう》なやくわりをはたした会社《かいしゃ》ばかりです。そういう会社《かいしゃ》がどんどん発展《はってん》して、日本《にほん》をゆたかにしていきました。

日本《にほん》が長《なが》く鎖国《さこく》をしていたのに、明治時代《めいじじだい》になって、すぐに西洋《せいよう》においついて、立派《りっぱ》な国《くに》になれたのは、経済《けいざい》がしっかりしていたからです。そのためにがんばったのが渋沢先生《しぶさわせんせい》でした。

第《だい》3章《しょう》

何《なに》をするにも、「やる気《き》」はだいじだね

お金《かね》もちになるには、いつもどんな気《き》もちでいたらいいんだろう。渋沢先生《しぶさわせんせい》は「やる気《き》」が大切《たいせつ》だといっています。

でもどうやったら「やる気《き》」が出《で》るのかな？　この章《しょう》にはその方法《ほうほう》が書《か》いてあるよ。

はやりのものが気《き》になる

「いま、はやっている新《あたら》しいものをどんどんとり入《い》れていく気《き》もちがだいじだよ。」

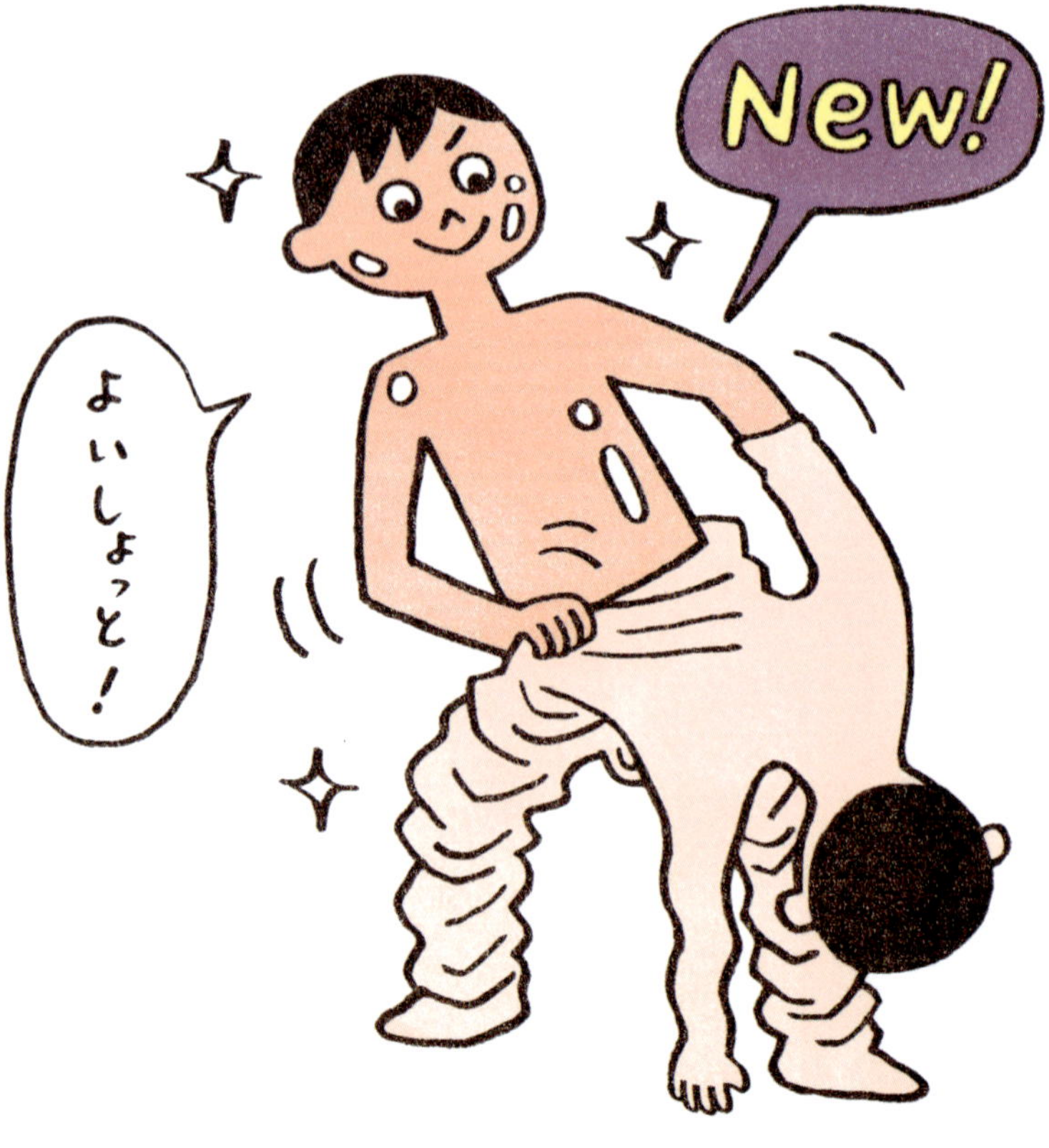

進取《しんしゅ》の気象《きしょう》を忘《わす》れてしまっては何《なん》にもならぬ（第一章《だいいっしょう》）

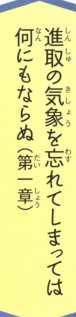

新《あたら》しいものをとり入《い》れて成長《せいちょう》していくんだ

古《ふる》いものばかりだいじにする人《ひと》っているよね。もちろん『論《ろん》語《ご》』みたいに古《ふる》いものもだいじにしていいんだけど、みんなはいまの時代《じだい》に生《い》きているんだから、いま、はやっている新《あたら》しいものもどんどんとり入《い》れていこうね。

みんなの学校《がっこう》でも、パソコンとか電子《でんし》黒板《こくばん》を利用《りよう》して授業《じゅぎょう》をしているところがふえているじゃない？　そういう便利《べんり》なものはどんどんとり入《い》れていくべきだと思《おも》うんだ。

ヘビやザリガニが脱皮《だっぴ》して、どんどん大《おお》きくなるよね。そんなふうに新《あたら》しいものをとり入《い》れて、新《あたら》しい自分《じぶん》になって、成長《せいちょう》していけばいいと思《おも》う。

いま、はやっているものはなんだろう？　と気《き》をつけて見《み》ていくとおもしろいものがいっぱいあるよ。テレビで、いまは何《なに》がはやっているか見《み》てみるのもおもしろいね。

そういうことを全然《ぜんぜん》知《し》らない人《ひと》もいるけど、いまの時代《じだい》を生《い》きていないみたいで、ちょっとつまらない気《き》がします。

私《わたし》がつかえるスマホありますか？

一人《ひとり》でやるのはたいへんだ

「自《じ》分《ぶん》でやる気《き》になって、自《じ》分《ぶん》でやらないとちゃんとしたことはできないよ。」

何《なに》か一《ひ》と仕《し》事《ごと》しようとする者《もの》は、自《じ》分《ぶん》で箸《はし》を取《と》らなければ駄《だ》目《め》である（第《だい》二章《しょう》）

人《ひと》を頼《たよ》っているようではだめなんだ

みんなは木下藤吉郎《きのしたとうきちろう》という人《ひと》を知《し》っていますか？　まずしいお百姓《ひゃくしょう》さんだったんだけど、そこから出世《しゅっせ》して、大臣《だいじん》にまでなった人《ひと》です。えらくなってから、豊臣秀吉《とよとみひでよし》っていう名前《なまえ》にかえました。

秀吉《ひでよし》は織田信長《おだのぶなが》の家来《けらい》だったけど、信長《のぶなが》がいきなり大臣《だいじん》にしてくれたわけじゃないんだよ。自分《じぶん》からどんどん動《うご》いて、一生懸命働《いっしょうけんめいはたら》いたから、信長《のぶなが》がかわいがるようになったんだ。それが結果的《けっかてき》に秀吉《ひでよし》をえらい地位《ちい》までおし上《あ》げたんだよ。

みんなも、先生《せんせい》がちっとも自分《じぶん》のことを見《み》てくれないとか、コーチがせわしてくれないとか文句《もんく》ばかりいわないで、自分《じぶん》からどんどん動《うご》くようにしようね。人《ひと》を頼《たよ》らないで、自分《じぶん》がやる気《き》になって動《うご》けば、チャンスは向《む》こうからやってくるよ。

みんなは、ごはんがほしいときどうするかな？　自分《じぶん》ではしをとって食《た》べるよね。ほかの人《ひと》がはしで口《くち》にごはんを入《い》れてはくれないでしょ？　ほしいもの、やりたいことがあるなら、自分《じぶん》から動《うご》きなさい、という教《おし》えです。

元《げん》気《き》がないときには、どうしたらいいの？

「おへその下《した》に
力《ちから》をこめると、
気《き》もちがおちついて
勇《ゆう》気《き》がわいてくるよ。」

下《か》腹《ふく》部《ぶ》に力《ちから》を籠《こ》める習慣《しゅうかん》を生《しょう》ずれば、心《こころ》寛《ひろ》く体《たい》胖《ゆた》かなる人《ひと》となりて、沈《ちん》着《ちゃく》の風《かぜ》を生《しょう》じ、勇《ゆう》気《き》ある人《ひと》となるのである（第《だい》二章《しょう》）

勇気《ゆうき》を出《だ》すには心《こころ》だけじゃなくて、体《からだ》も大切《たいせつ》だよ

みんなも、ときどき元気《げんき》がなくなるときがあるよね。そういうときは、おへその下《した》に手《て》をあてて、力《ちから》をぐっと入《い》れるといいんだ。そうすると勇気《ゆうき》がわいてきます。

江戸川乱歩《えどがわらんぽ》さんという人《ひと》が書《か》いた『怪人二十面相《かいじんにじゅうめんそう》』という本《ほん》があります。主人公《しゅじんこう》の少年《しょうねん》が、悪者《わるもの》がいる家《いえ》にていさつに行《い》くとき、心臓《しんぞう》がすごくドキドキしてしまうんだよ。

そのとき少年《しょうねん》はどうしたのかというと、下腹《したばら》に力《ちから》を入《い》れた、と書《か》いてあります。昔《むかし》の人《ひと》は、そうやって自分《じぶん》を勇気《ゆうき》づける方法《ほうほう》を知《し》っていたんだね。

だからみんなも、ピアノの発表会《はっぴょうかい》やサッカーの試合《しあい》のとき、自信《じしん》がなくなったり、人前《ひとまえ》であがってドキドキしてきたときは、息《いき》をすって、ぐっと下腹《したばら》に力《ちから》を入れてください。そして息《いき》を止《と》めて、もっと下腹《したばら》に力《ちから》を入《い》れてから、すーっと息《いき》をはくと、リラックスして、おちつきます。あがっちゃったときは、血《ち》が頭《あたま》のほうにのぼっているので、息《いき》を深《ふか》くすってはいてね。そうすると血《ち》が下《した》のほうにさがって、ドキドキするのがおさまるよ。

おへその下に
力《ちから》を入《い》れると、
おちつきます

あの子《こ》
みたいに
お金《かね》もちの家《いえ》に
生《う》まれてないし

「恵《めぐ》まれたところにいなくても、「何《なに》が何《なん》でもやってやる」という気《き》もちがだいじなんですね。」

同《おな》じく人間《にんげん》と生《う》まれ出《で》た甲斐《かい》には、何《なに》が何《なん》でも武士《ぶし》にならなくては駄目《だめ》である（第《だい》二章《しょう》）

「ぜったいやってやる!」という気《き》もちがだいじだね

渋沢先生《しぶさわせんせい》の家《いえ》はお百姓《ひゃくしょう》さんでした。渋沢先生《しぶさわせんせい》がまだ若《わか》かった江戸時代《えどじだい》は生《う》まれた家《いえ》のみぶんによって、一生《いっしょう》がきまっていたので、渋沢先生《しぶさわせんせい》は本当《ほんとう》は一生《いっしょう》お百姓《ひゃくしょう》さんだったんだ。

でも先生《せんせい》はそれがいやで、「何《なに》が何《なん》でも武士《ぶし》になってやる!」と心《こころ》にかたくちかったんです。そしてすごくがんばって、一《ひと》橋家《ばしけ》というところに、おさむらいさんとしてやとってもらえることになったんだ。先生《せんせい》は頭《あたま》がとてもよくて勉強家《べんきょうか》でもあったので、幕府《ばくふ》の人《ひと》がヨーロッパに行《い》くときに「いっしょについていきなさい」といわれたんだよ。そしてヨーロッパに行《い》って、経済《けいざい》や会社《かいしゃ》のしくみについて勉強《べんきょう》してきたんだ。そうしている間《あいだ》に、日本《にほん》では江戸時代《えどじだい》がおわって、新《あたら》しい明治《めいじ》時代《じだい》になったので、先生《せんせい》は日本《にほん》にもどってきて、会社《かいしゃ》をたくさんつくりました。そして「資本主義《しほんしゅぎ》」といわれるいまの経《けい》済《ざい》の社会《しゃかい》をつくったんです。

先生《せんせい》が、自分《じぶん》はお百姓《ひゃくしょう》さんの家《いえ》に生《う》まれたから、一《いっ》生《しょう》お百姓《ひゃくしょう》さんだと思《おも》ったら、そういうチャンスはなかったよね。

いつかは
泳《およ》げるように
なります!

何《なに》をやろうか、まようなあ

「すきなことを
やるのがだいじだよ。
なぜかというと
何《なに》ごとも、熱《ねつ》意《い》が
重要《じゅうよう》だからです。」

趣《しゅ》味《み》を持《も》って事《じ》物《ぶつ》を処《しょ》する（略《りゃく》）
自《じ》分《ぶん》の職掌《しょくしょう》に対《たい》しては、必《かなら》ずこの
熱《ねっ》誠《せい》がなくてはならぬ（第《だい》五章《しょう》）

すきでやっていると、すごくうまくなるよ

どんなことをするにも熱意《ねつい》が大切《たいせつ》なんだね。もし、自分《じぶん》がすきなことをやれば、とても熱心《ねっしん》にやるから、自然《しぜん》にうまくなるんだ。

だからどうせやるなら、仕事《しごと》をすきになってやろうね、と渋沢先生《しぶさわせんせい》はいっているんです。

たとえば、新幹線《しんかんせん》でおそうじの仕事《しごと》をしている人《ひと》を見《み》たことがあるかな？　お客《きゃく》さんがおりてから、次《つぎ》のお客《きゃく》さんがのってくるまでのほんのわずかの間《あいだ》に、きれいにおそうじしてしまうんだ。あまりにすごいので、アメリカの大学《だいがく》の教科書《きょうかしょ》にのったくらいなんだよ。日本人《にほんじん》はきれいにするのがすきだから、そういうことがかんぺきにできるんです。

それからおもてなしも、日本人《にほんじん》はとくいだよね。いろんなお店《みせ》に入《はい》ると、感《かん》じのいい店員《てんいん》さんが相手《あいて》をしてくれるよね。おもてなしがすきでやっているというのがわかるから、お客《きゃく》さんも気分《きぶん》がよくなるんだ。仕事《しごと》をしゅみにしてしまえば、自分《じぶん》も楽《たの》しいし、お客《きゃく》さんにもよろこんでもらえるよね。

いつも元気《げんき》ならいいの？

ただの元気《げんき》じゃ
意味《いみ》ないよ。
人《ひと》に頼《たよ》らないで
自分《じぶん》のことをちゃんと
やっていることが
本当《ほんとう》の元気《げんき》なんだ。

自《みずか》ら助《たす》け、自《みずか》ら守り、自《みずか》ら治《おさ》め、
自《みずか》ら活《い》きる、これらと同様《どうよう》な
自尊《じそん》なれば宜《よ》い（第《だい》六章《しょう》）

見《み》た目《め》が元気《げんき》でも、人《ひと》に頼《たよ》る人《ひと》は元気《げんき》といわないよ

元気《げんき》があるのはいいことだ、というけど、ただ声《こえ》が大《おお》きいとか、見《み》た目《め》が元気《げんき》、というのじゃダメなんだよ。元気《げんき》というのは、自分《じぶん》で自分《じぶん》のことがちゃんとできることをいうんだ。大《おお》きな声《こえ》で「おねがい！」というだけで、人《ひと》に頼《たよ》ってばかりいる人《ひと》って、元気《げんき》っていわないよね。

反対《はんたい》に、おとなしくて、そんなに元気《げんき》そうに見《み》えなくても、ちゃんと自分《じぶん》のことをやる人《ひと》はすごいな、と思《おも》います。

見《み》た目《め》がそんなに元気《げんき》そうに見《み》えなくても、だいじょうぶ！仕事《しごと》をちゃんとやっていれば、みんなにみとめてもらえるんだ。この間《あいだ》、ノーベル賞《しょう》をとった本庶佑《ほんじょたすく》先生《せんせい》は微生物《びせいぶつ》の研究《けんきゅう》をしていました。一日中《いちにちじゅう》ずーっと顕微鏡《けんびきょう》ばかりのぞいているから、元気《げんき》そうに見《み》えないけど、でもノーベル賞《しょう》をとるくらいものすごい仕事《しごと》をしたんだ。すごいエネルギーだよね。

だから見《み》た目《め》で元気《げんき》か、そうじゃないかできめると、まちがえてしまいます。見《み》た目《め》は関係《かんけい》ないと思《おも》ってね。

一日《にち》ずっと
自分《じぶん》だけで
あそんで
いられます

お金《かね》はみんな社《しゃ》会《かい》のためにつかったんだよ

渋沢先生《しぶさわせんせい》は銀行《ぎんこう》をつくり、たくさんの会社《かいしゃ》をつくりました。九一歳《さい》でなくなるまで、ものすごくたくさんお金《かね》をもうけたんです。そのころ、同《おな》じようにお金《かね》をもうけた人《ひと》たちは、家族《かぞく》や子孫《しそん》にお金《かね》を残《のこ》して「財閥《ざいばつ》」とよばれる大金《おおがね》もちのあつまりをつくりました。

でも渋沢先生《しぶさわせんせい》は「財閥《ざいばつ》」をつくりませんでした。「私利《しり》を追《お》わず公益《こうえき》を図《はか》る」（自分《じぶん》の利益《りえき》を求《もと》めないで、世《よ》の中《なか》のためを考《かんが》える）という考《かんが》えをもっていて、自分《じぶん》の子孫《しそん》にお金《かね》をのこさず、みな社《しゃ》会《かい》のためにきふしてしまったのです。

社会《しゃかい》で必要《ひつよう》とされる病院《びょういん》や学校《がっこう》などさまざまなものをつくり、きふ金《きん》あつめにも力《ちから》をそそぎました。何度《なんど》も政治家《せいじか》になるようさそいを受《う》けますが、それをことわり、一人《ひとり》の民間《みんかん》の人《ひと》として、さいごまで社会活動《しゃかいかつどう》をおこなったのです。

第《だい》4章《しょう》

いちばんだいじなことは「信用《しんよう》」だよ

生《い》きていく上《うえ》で大切《たいせつ》なのは、人《ひと》から信《しん》用《よう》してもらえることです。だれだって信《しん》用《よう》できない人《ひと》といっしょに何《なに》かをしようと思《おも》わないから。

信用《しんよう》される人《ひと》になるにはどうしたらいいか、渋沢先生《しぶさわせんせい》がこたえてくれます。

常識《じょうしき》ってなんですか？

「判断力《はんだんりょく》があって
人《ひと》の気《き》もちがわかって、
意志《いし》がつよいこと。
この三つがあれば
だいじょうぶ。」

『智《ち》、情《じょう》、意《い》』の三者《さんしゃ》が各々《おのおの》権衡《けんこう》を保《たも》ち、平等《びょうどう》に発達《はったつ》したものが完全《かんぜん》の常識《じょうしき》だろう（第《だい》三章《しょう》）

生《い》きていく上《うえ》で大切《たいせつ》なのは常識《じょうしき》だよ

生《い》きていく上《うえ》でいちばん大切《たいせつ》なのは常識《じょうしき》だよ、と渋沢先生《しぶさわせんせい》はいっています。世《よ》の中《なか》は変人《へんじん》の天才《てんさい》ばっかりがいてもこまっちゃう。むしろ常識《じょうしき》がある人《ひと》がたくさんいるほうがいいんだね。じゃあ常識《じょうしき》って何《なに》かといったら、ちゃんとした判断《はんだん》ができて、人《ひと》の気《き》もちがわかって、意志《いし》がつよいこと。この三つがそろって、完全《かんぜん》な常識《じょうしき》になるんです。これを「智《ち》・情《じょう》・意《い》」というんだよ。

天才《てんさい》じゃなくても、「智《ち》・情《じょう》・意《い》」の三つがバランスよくそろっていたら、社会《しゃかい》でちゃんとみとめられて、人《ひと》としてりっぱに生《い》きていけます。

日本人《にほんじん》はわりと「智《ち》・情《じょう》・意《い》」のバランスがとれた人《ひと》が多《おお》いんだ。オリンピックの四〇〇メートルリレーでも、日本人《にほんじん》は四人《にん》でリレーして銀《ぎん》メダルをとっちゃいます。天才《てんさい》がいるアメリカをやぶることができたのは、人《ひと》の気《き》もちを考《かんが》えて、意志《いし》をつよくもって、状況《じょうきょう》をちゃんと判断《はんだん》して走《はし》れたからです。

一人《ひとり》の天才《てんさい》より、たくさんの常《じょう》識《しき》ある人《ひと》がいたほうが、いい結果《けっか》をのこせるのかもしれないね。

天才《てんさい》パンダより、
常識《じょうしき》ある
パンダを
めざします

おしゃべりはダメですか?

「おしゃべりで失敗《しっぱい》することもあるけど、いいこともあるんだよ。」

口《くち》は禍《わざわい》の門《もん》であるとともに、福《ふく》の門《もん》でもある（第《だい》三章《しょう》）

テキパキ話《はな》せるのがいちばんいいんだよ

「口《くち》はわざわいの元《もと》」ということわざを知《し》ってるかな？　へんなことをしゃべっちゃって、よくないことがおきるのをそういうんだ。じゃあ、おしゃべりが全部《ぜんぶ》ダメかというと、そういうことじゃないよ。いいことも悪《わる》いこともあるってことです。

ただ、いまの時代《じだい》はしゃべらないより、しゃべったほうがいいと思《おも》います。とくに世界《せかい》に出《で》ると、自分《じぶん》の意見《いけん》をちゃんとしゃべらないと、わかってもらえません。いわないで何《なん》となくわかってもらおうとするのは、相手《あいて》につうじないと思《おも》おうね。

でも、もたもた話《はな》していると、聞《き》いているほうはイライラするし、一人《ひとり》でベラベラ長《なが》くしゃべるのもまずいよね。だからいいたいことはテキパキとつたえよう。

ぼくの大学《だいがく》の授業《じゅぎょう》では一五秒《びょう》でいいたいことを話《はな》すという練習《れんしゅう》をしています。一五秒《びょう》で話《はな》せるようになったら、次《つぎ》に三〇秒《びょう》にのばして、もう少《すこ》し長《なが》い話《はなし》をしてもらいます。

こんなふうにテキパキ話《はな》せるようになったら、おしゃべりでもまずいことはおきないと思《おも》います。

目《め》は口《くち》ほどにものをいうともいいます

毎日《まいにち》あいさつはめんどくさいなあ

幼《よう》少《しょう》の頃《ころ》から青年期《せいねんき》を通《つう》じては、非常《ひじょう》に習慣《しゅうかん》のつきやすい時《とき》である。それゆえに、この時期《じき》を外《はず》さず良習慣《りょうしゅうかん》をつけ、それをして個性《こせい》とするようにしたいものである（第《だい》三章《しょう》）

「子《こ》どものころに
いい習慣《しゅうかん》を
つけると
それが個《こ》性《せい》になるよ。」

子《こ》ども時代《じだい》はいい習慣《しゅうかん》も悪《わる》い習慣《しゅうかん》もつきやすいんだ

子《こ》どものころは、習慣《しゅうかん》がつきやすいときなんだ。だからこの時期《じき》にいい習慣《しゅうかん》をつけておくと、そのあとずっととくするよ。たとえば子《こ》ども時代《じだい》に野球《やきゅう》やダンスなどチームスポーツをやっていて、あいさつをしっかりおぼえたとするよね。そうすると一生《いっしょう》さわやかなあいさつができます。

「この人《ひと》はさわやかな人だなあ」とみんなから思《おも》ってもらえて、その人《ひと》の個性《こせい》になるんだ。さわやかなあいさつなんて、ただの習慣《しゅうかん》なんだけど、それが身《み》についてくると、その人《ひと》「らしさ」になります。ちょっとした気分《きぶん》にならない？　いい習慣《しゅうかん》がいい人間《にんげん》をつくる、といってもいいかもしれないね。

反対《はんたい》に、子《こ》ども時代《じだい》にスマホばっかりみてる習慣《しゅうかん》をつけちゃったら、どうなるだろう？　大人《おとな》になって会社《かいしゃ》に行《い》かなきゃいけないのに、その習慣《しゅうかん》がやめられなくて、仕事《しごと》をすっぽかしてしまったら、信用《しんよう》をなくしてしまいます。

どうせ身《み》につけるなら、悪《わる》い習慣《しゅうかん》じゃなくて、いい習慣《しゅうかん》がいいよね。

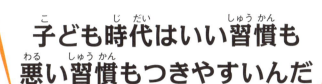

万引《まんび》きしようっていわれた

いけないことは
きっぱり
ことわるのがいいよ。
そのかくごでいれば、
悪《わる》いさそいも
こなくなります。

それは正義《せいぎ》に背《そむ》く行為《こうい》であるから、私《わたし》にはできぬといって、キッパリ断《ことわ》るくらいの覚悟《かくご》をもって商売《しょうばい》をしたならば、必《かなら》ずそんな誘導《ゆうどう》の起《お》こるものではない（第《だい》四章《しょう》）

悪《わる》い友《とも》だちなら、いなくていい。ことわるほうがだいじだよ

友《とも》だちから悪《わる》いことにさそわれることがあるかもしれないね。たとえば万引《まんび》きといって、お金《かね》をはらわないでお店《みせ》のものをとっちゃうというのがあるんだ。ゲームみたいな感覚《かんかく》で、「おまえ、やれよ」ってけしかける悪《わる》い子《こ》がいます。「なあんだ、そんなこともできないのか。勇気《ゆうき》ないな」とか。

でも万引《まんび》きは「窃盗罪《せっとうざい》」という犯罪《はんざい》なんだよ。そういうさそいにのってはいけません。仲間《なかま》に入《はい》っちゃダメなんだよ。だから最初《さいしょ》にことわる。ことわってもしつこくいってくるようなら、おうちの人《ひと》にいおうね。だって犯罪《はんざい》なんだから。

「だけど万引《まんび》きしようっていう子《こ》も、本当《ほんとう》は悪《わる》い子《こ》じゃないよ」と君《きみ》は思《おも》うかもしれない。たしかにそういう子《こ》もいるでしょう。大人《おとな》でも悪《わる》いことをしてつかまった人《ひと》のことを、まわりの人《ひと》は「悪《わる》い人《ひと》じゃない」ってよくいいます。でも根《ね》は悪《わる》い人《ひと》じゃなくても、つきあっている仲間《なかま》が悪《わる》いんです。

だからみんなは、へんなさそいにはぜったいにのらないようにしようね。

仕《し》事《ごと》をするのに
いちばん
だいじなことは
なんですか？

「仕《し》事《ごと》をする上《うえ》で
いちばん
大《たい》切《せつ》なのは
「信《しん》用《よう》」と
いうことです。」

いわゆる商業《しょうぎょう》の徳義《とくぎ》はどうして立《た》て通《とお》すようにして、最《もっと》も重要《じゅうよう》なるは信《しん》である（第《だい》五章《しょう》）

おたがいに信用《しんよう》しあうことがだいじなんだよ

渋沢先生《しぶさわせんせい》は明治時代《めいじじだい》に会社《かいしゃ》をたくさんつくった人《ひと》なんですが、ビジネスをじょうずにやっていく上《うえ》で、いちばん大切《たいせつ》なことは何《なに》かというと、「信《しん》」です、といっています。「信用《しんよう》する」とか「信《しん》じる」という漢字《かんじ》の「信《しん》」ということですね。世《よ》の中《なか》はみなこの「信《しん》」でなりたっています。

たとえば、みんなはおとうさんやおかあさんがクレジットカードをつかっているのを見《み》たことがあるよね。現金《げんきん》をもっていなくても、それを出《だ》せばものが買《か》えちゃうものなんだけど、あれだって信用《しんよう》がなければつかうことができません。

会社《かいしゃ》どうしでも、お金《かね》のかわりに「手形《てがた》」というものをわたして取引《とりひき》することがあります。「何月何日《なんがつなんにち》にこの手形《てがた》をいくらのお金《かね》にかえます」という約束《やくそく》をしたものです。約束《やくそく》した日《ひ》に手形《てがた》がお金《かね》にかわらないと、会社《かいしゃ》がつぶれるくらいたいへんなことになります。

約束《やくそく》がまもれない、「信《しん》」がない人《ひと》には、世《よ》の中《なか》はとてもきびしいものなんだね。

私《わたし》の目《め》を見《み》てください。ウソはつきませんよ

日本《にほん》だけ大《おお》もうけすればいいですか？

「自《じ》分《ぶん》がやられて
いやなことは
やっちゃダメ。
自《じ》分《ぶん》の国《くに》だけ
よければいい
という考《かんが》えはやめようね。」

おのれの欲《ほっ》せざる所《ところ》は人《ひと》にも施《ほどこ》さずして、東洋流《とうようりゅう》の道徳《どうとく》を進《すす》め、弥増《いやま》しに平和《へいわ》を継続《けいぞく》して、各国《かっこく》の幸福《こうふく》を進《すす》めて行《い》きたいと思《おも》う（第《だい》五章《しょう》）

ほかの国《くに》に迷惑《めいわく》をかけることをしちゃダメだよね

自分《じぶん》の国《くに》だけつよくなればいいとか、大《おお》もうけすればいいという考《かんが》えの人《ひと》もいるけど、それはまちがっているよ。なぜかというと孔子先生《こうしせんせい》もいっているように、自分《じぶん》がやられていやなことは、人《ひと》にもやっちゃいけないからなんだ。

自分《じぶん》が大《おお》もうけしているってことは、だれかが大《おお》ぞんしているかもしれないよね。そんしている人《ひと》や国《くに》はとてもつらいよね。

昔《むかし》、「植民地《しょくみんち》」というのがあって、つよい国《くに》が弱《よわ》い国《くに》を支配《しはい》していた時代《じだい》があったんだ。ヨーロッパのつよい国《くに》がアジアやアフリカのよわい国々《くにぐに》を支配《しはい》して、安《やす》いお金《かね》で働《はたら》かせたり、とてもひどい条件《じょうけん》で商売《しょうばい》したりしたんだね。つよい国《くに》が大《おお》もうけをして、よわい国《くに》は利用《りよう》されていたんです。

日本《にほん》も江戸時代《えどじだい》に黒船《くろふね》がきたときに、外国《がいこく》の人《ひと》に支配《しはい》されちゃうかも、とってもこわい思《おも》いをしました。だから同《おな》じことをほかの国《くに》にしちゃいけないよ。

文明《ぶんめい》というのは、よわいものいじめをしたり、人《ひと》にひどいことをしたりしないために発展《はってん》しているんだよ。

和歌山《わかやま》のほうも、よろしくおねがいします

『論語《ろんご》』は渋沢先生《しぶさわせんせい》の愛読書《あいどくしょ》

渋沢先生《しぶさわせんせい》は小《ちい》さいときから『論語《ろんご》』を学《まな》んでいました。中国《ちゅうごく》の孔子先生《こうしせんせい》が書《か》いた『論語《ろんご》』には、人《ひと》としてどう正《ただ》しく生《い》きるかが書《か》いてあります。

たとえば「過《す》ぎたるはなお及《およ》ばざるがごとし」という言葉《ことば》があります。「どんなことにもバランスが大切《たいせつ》だよ」という意味《いみ》です。渋沢先生《しぶさわせんせい》はそうした『論語《ろんご》』の言葉《ことば》を一生《いっしょう》まもった人《ひと》です。そして『論語《ろんご》と算盤《そろばん》』という本《ほん》を書《か》きました。

この本《ほん》は大正《たいしょう》五年《ねん》（一九一六年《ねん》）に発行《はっこう》されて、大《おお》きな反響《はんきょう》をよびました。お金《かね》もうけをするには、『論語《ろんご》』に書《か》かれているような道徳《どうとく》が大切《たいせつ》だといったからです。

渋沢先生《しぶさわせんせい》は「道徳経済合一説《どうとくけいざいごういつせつ》」、つまりお金《かね》もうけも道徳《どうとく》も両立《りょうりつ》するといい、利益《りえき》は一人《ひとり》じめしないで、みんなのためにつかおうといいました。その思《おも》いはいまもうけつがれ、たくさんの会社《かいしゃ》の社長《しゃちょう》や政治家《せいじか》の人《ひと》たちが勉強《べんきょう》のためにつかっています。

第《だい》5章《しょう》

人生《じんせい》に大黒柱《だいこくばしら》をたてよう

人生《じんせい》にはそれをつらぬく一本《いっぽん》の柱《はしら》が必《ひつ》要《よう》です。しっかりした柱《はしら》をもっていれば、何《なに》があってもうろたえることはありません。

どんな柱《はしら》をもてばいいのか、渋沢《しぶさわ》先生《せんせい》が教《おし》えてくれます。

大失敗《だいしっぱい》してしまいました！

「失敗《しっぱい》したからといって
おちこまない。
人《ひと》として正《ただ》しいと
思《おも》うことを
ちゃんとやればいいんだよ。」

得意時代《とくいじだい》だからとて気《き》を緩《ゆる》さず、失意《しつい》の時《とき》だからとて落胆《らくたん》せず、情操《じょうそう》をもって道《どう》理《り》を踏《ふ》み通《とお》すように、心掛《こころが》けて出《で》ることが肝要《かんよう》である（第一章《だいしょう》）

失敗《しっぱい》しても、おちこまなくてもいいよ

失敗《しっぱい》するのは、調子《ちょうし》にのりすぎたときが多《おお》いんだよ。スポーツの試合《しあい》を見《み》ていると、よくあるよね。サッカーの試合《しあい》でも、先《さき》に二点《てん》とっちゃって、「おお、イケてる、イケてる！」と思《おも》っていたら、追《お》いつかれて負《ま》けちゃったとか。だから、自《じ》分《ぶん》が調子《ちょうし》いいからといって気《き》をゆるめないことがだいじだね。

でも失敗《しっぱい》しちゃったとしても、そんなにがっかりしなくてもいいんだよ。ちゃんと練習《れんしゅう》して、調子《ちょうし》にのったりしないよう気《き》をつけて、正《ただ》しいと思《おも》うことをしていれば、元《もと》にもどるからね。

ちなみにぼくは、少《すこ》しは調子《ちょうし》にのったほうがいいと思《おも》っています。調子《ちょうし》にのらずに一生《いっしょう》終《お》わってしまう人《ひと》も多《おお》いんだけど、それよりは、調子《ちょうし》にのって失敗《しっぱい》して、また調子《ちょうし》にのって失敗《しっぱい》するけど、さらに調子《ちょうし》にのるという、それくらい、めげずに挑戦《ちょうせん》できる人《ひと》のほうが、人《じん》生《せい》が楽《たの》しいと思《おも》うからです。

でもたしかに調子《ちょうし》にのりすぎると、大失敗《だいしっぱい》することがありますから、気《き》をゆるめないことは大切《たいせつ》ですね。

木《き》から
おちるくらい、
へっちゃらです

志《こころざし》ってなんですか？

立志《りっし》は人生《じんせい》という建築《けんちく》の骨子《こっし》（第《だい》二章《しょう》）

「世《よ》の中《なか》をよくしよう
という夢《ゆめ》を
志《こころざし》というんだ。
志《こころざし》をもたない
人生《じんせい》なんて、
柱《はしら》がない家《いえ》みたいなもんだよ。」

みんなのために がんばろうというのが志《こころざし》だよ

「志《こころざし》」という言葉《ことば》を知《し》っていますか？　「志《こころざし》」とは世《よ》の中《なか》をよくしようとする思《おも》いのことなんだ。志《こころざし》があれば、それを中心《ちゅうしん》にしてせすじがピッととおった生《い》き方《かた》をすることができるよね。みんなの体《からだ》だってせぼねがないとふにゃふにゃしちゃう。

孔子《こうし》先生《せんせい》は「十有五《じゅうご》にして学《がく》に志《こころざ》し、三十にして立《た》つ、四十にして惑《まど》わず」といっています。世《よ》の中《なか》のために勉強《べんきょう》をしようと心《こころ》にきめたのが一五歳《さい》、そして三〇歳《さい》で一人立《ひとりだ》ちしたということです。みんなも自分《じぶん》の得意《とくい》なことを生《い》かして、世《よ》の中《なか》をよくしていけるようになるといいね。

そのためには、小学生《しょうがくせい》のときから「志《こころざし》」をもっているといいね。ワールドカップに出《で》るようなサッカー選手《せんしゅ》も、みんな小学校《しょうがっこう》のときの作文《さくぶん》に「ワールドカップに出《で》るプロサッカー選手《せんしゅ》になって、世界《せかい》でかつやくします」と書《か》いているよ。

チームのためにがんばるのも、世《よ》の中《なか》のためにがんばるのと同《おな》じだから、クラスの合唱《がっしょう》とかクラブの試合《しあい》でもみんなのためにがんばってみよう。

上野《うえの》の森《もり》を
もっと
たのしくします！

全部《ぜんぶ》AI《えーあい》にやってもらえば楽《らく》だよね

「機械《きかい》があるだけじゃダメなんだよ。それをささえる人間《にんげん》がいてはじめて文明《ぶんめい》が進歩《しんぽ》するんだ。」

真正《しんせい》の文明《ぶんめい》ということは、すべての制度《せいど》文物《ぶんぶつ》の具備《ぐび》と、それから一般《いっぱん》国民《こくみん》の人格《じんかく》と智能《ちのう》とによりて、初《はじ》めて言《い》い得《う》るだろうと思《おも》う（第《だい》五章《しょう》）

人《ひと》がいないと AI《えーあい》もつくれないよね

コンピュータがもっと発達《はったつ》すると、人工知能《じんこうちのう》といわれるA《えー》I《あい》がいろいろな場面《ばめん》でかつやくするようになるよね。自動車《じどうしゃ》が自動運転《じどううんてん》になるのはもうすぐだし、家《いえ》の中《なか》でもお料理《りょうり》やそうじなど、全部《ぜんぶ》AI《えーあい》がやってくれる世《よ》の中《なか》がやってきます。だったら、わざわざ勉強《べんきょう》しなくても、全部《ぜんぶ》AI《えーあい》にやってもらえばいいじゃん、て思《おも》う人《ひと》がいるかもしれません。

　でも、ちょっとまって。AI《えーあい》をつくったり、もっとすごいAI《えーあい》に改良《かいりょう》するのはだれかな？　人間《にんげん》なんだよ。どんなに便《べん》利《り》な機械《きかい》やAI《えーあい》があっても、それだけじゃダメなんだ。それをつくる人間《にんげん》の頭脳《ずのう》や知識《ちしき》、能力《のうりょく》があって、はじめて進歩《しんぽ》といえるんです。

　渋沢先生《しぶさわせんせい》は日本《にほん》で最初《さいしょ》に銀行《ぎんこう》をつくった人《ひと》です。でも建物《たてもの》をつくっただけじゃ、銀行《ぎんこう》といえないよね。中《なか》で働《はたら》く人《ひと》がいて、お金《かね》をあずかって、それを会社《かいしゃ》にかして、世《よ》の中《なか》の活動《かつどう》をささえて、はじめて銀行《ぎんこう》といえるんだよ。AI《えーあい》がいくら発達《はったつ》しても、それをささえる人間《にんげん》がいないと何《なん》の役《やく》にも立《た》たないんだよ。

AI《えーあい》パンダに、笹《ささ》のとり方《かた》を教《おし》えてます

いつも成績《せいせき》いちばんの人《ひと》はいいなあ

結果《けっか》だけ見《み》て
うらやましいと
思《おも》わないで、
そうなるための
努力《どりょく》を見《み》ようね。

人《ひと》の結末《けつまつ》だけを見《み》てこれを欽羨《きんせん》し、その結末《けつまつ》を得《う》る原因《げんいん》がどれほどであったかということに、見《み》到《いた》らぬ弊《へい》が多《おお》くてならぬ（第《だい》六章《しょう》）

成功《せいこう》している人《ひと》は ものすごく努力《どりょく》しているよ

いつもいい成績《せいせき》をとって、先生《せんせい》にほめられている人《ひと》っているよね。あの人《ひと》はいいなあ、と思《おも》ったときどうしたらいいのかな。渋沢先生《しぶさわせんせい》は、結果《けっか》だけを見《み》るんじゃなくて、原因《げんいん》を見《み》なさいといっています。なぜその人《ひと》はいい成績《せいせき》がとれたのか。どんな勉強《べんきょう》をしているのか。ふだんの生活《せいかつ》のほうを見《み》なさいといっているんです。

成功《せいこう》している人《ひと》は、かげでものすごく努力《どりょく》しているんだよ。みんなは知《し》らないと思《おも》うけど、オリンピックで二回《かい》も金《きん》メダルをとり、プロになってからもチャンピオンになったボクシングの選手《せんしゅ》がいます。その人《ひと》は天才《てんさい》だといわれてたんだけど、テレビで練習風景《れんしゅうふうけい》を見《み》ていたら、とんでもない努力《どりょく》をしていたんだよ。ふつうの人《ひと》ではぜったいできないすごい練習《れんしゅう》でした。だからあんな成績《せいせき》がのこせたんだね。

みんなも「すごいなあ」と思《おも》う人《ひと》がいたら、その人《ひと》の結果《けっか》だけじゃなくて、どうしてそんな結果《けっか》をつかめたのか、原因《げんいん》のほうを見《み》るようにしようね。

毛《け》なみの
手入《てい》れは、
かかしません

昔《むかし》の人《ひと》は優秀《ゆうしゅう》だったんですか？

「昔《むかし》はよかった
という人《ひと》がいるけど、
いまの人《ひと》が
ダメなわけじゃ
ありません。」

昔《むかし》の少数《しょうすう》の偉《えら》い青年《せいねん》と、現今《げんこん》の一般《いっぱん》青年《せいねん》とを比較《ひかく》し来《きた》りて、かれこれ言《い》うことは少《すこ》しく誤《あやま》っている（第《だい》九章《しょう》）

いまも昔《むかし》もえらい人《ひと》はちゃんといるよ

昔《むかし》の人《ひと》は優秀《ゆうしゅう》だった、という人《ひと》がいるけど、そういう人《ひと》は昔《むかし》のえらい人《ひと》と、いまのふつうの人《ひと》をくらべているだけ。けっしていまのみんながダメだというわけじゃないから安心《あんしん》してね。大昔《おおむかし》からずっと「いまどきの若《わか》いものはダメだ」といい続《つづ》けられてきました。いつの時代《じだい》になってもいわれるから、そういうものだと思《おも》ってください。

　でもそうやって昔《むかし》のいいものを見《み》てのこそうとしてきたから、社会《しゃかい》はよくなっていった、ともいえるよね。時代《じだい》がたつにつれて、世《よ》の中《なか》はどんどんよくなっています。

　たとえば昔《むかし》は、おさむらいさんが平気《へいき》で町《まち》の中《なか》で人《ひと》を切《き》っていました。いまはそんなやばんなことをする人《ひと》はだれもいません。ゴミもいまは分別《ぶんべつ》して、ルールをきめて出《だ》しているから、町《まち》の中《なか》もきれいだよね。

社会《しゃかい》は昔《むかし》より確実《かくじつ》によくなっているんです。

　だからいまの時代《じだい》はたいしたことないとか、いまの若《わか》い人《ひと》はダメだといわれても自信《じしん》をなくさなくていいんだよ。

いまの
パンダも、
なかなかの
ものです

おとうさんの会社《かいしゃ》をつげばいいよね

自《みずか》ら努力《どりょく》して運《うん》なるものを開拓《かいたく》せねば、決《けっ》してこれを把持《はじ》するということは不可能《ふかのう》である（第《だい》一〇章《しょう》）

「自分《じぶん》でつかんだものじゃないと運《うん》はにげちゃうよ。」

努力《どりょく》しないと運《うん》はつかめないんだよ

運命《うんめい》は最初《さいしょ》からきまっているという人《ひと》がいるよね。もしそうだったら、努力《どりょく》しても意味《いみ》がないことになってしまいます。でも努力《どりょく》しだいで、いくらでもかなうことがたくさんあります。反対《はんたい》に努力《どりょく》しないと、せっかくいい運《うん》をもっていてもうしなってしまうんだ。

たとえばお金《かね》もちの家《いえ》に生《う》まれて、大人《おとな》になったらおとうさんの会社《かいしゃ》をつげばいい人《ひと》がいるとするよね。何《なに》もない家《いえ》に生《う》まれた子《こ》より運《うん》がいい、といえるかもしれない。

でもその人《ひと》が全然勉強《ぜんぜんべんきょう》しないで、なまけてばかりいたらどうなるだろう。おとうさんの会社《かいしゃ》をついでも、人《ひと》にだまされたり、働《はたら》く人《ひと》がなまけてばかりいて、会社《かいしゃ》がつぶれちゃうことだってあるんだよ。

運《うん》は少《すこ》しはきまっているかもしれないけれど、努力《どりょく》や勉強《べんきょう》によってどうにでもなるんです。お金《かね》もちの家《いえ》に生《う》まれなかったからって、運《うん》が悪《わる》いと思《おも》わないで、一生懸命勉強《いっしょうけんめいべんきょう》して、努力《どりょく》しようね。

そういう人《ひと》を世《よ》の中《なか》はみとめてくれるので、どんどんチャンスがまわってきて、運《うん》がいい人《ひと》になれます。

生《う》まれたときから
人気者《にんきもの》でした。
でも努力《どりょく》も
してます

おわりに

渋沢先生《しぶさわせんせい》は「経済《けいざい》こそがだいじだ」と考《かんが》えた人《ひと》です。「お金《かね》をもうけるのはいいことだ。正《ただ》しい道《みち》をふんでそれをやるのはもっといいことだ」。そういって、孔子先生《こうしせんせい》の『論語《ろんご》』の精神《せいしん》を大切《たいせつ》にした人《ひと》です。ぼくは渋沢先生《しぶさわせんせい》のメッセージを、どうしてもみんなにつたえたいと思《おも》いました。

だって「お金《かね》をしっかりしたやり方《かた》でもうけよう」なんて、教《おし》えてくれる先生《せんせい》はだれもいないからです。お金《かね》をもうけることは全然悪《ぜんぜんわる》いことじゃありません。お金《かね》もうけだけを目的《もくてき》にするのはよくないけど、お金《かね》をつかってこの社会《しゃかい》をよくしていけばいいんです。渋沢先生《しぶさわせんせい》はそういう正《ただ》しい道《みち》を教《おし》えてくれた人《ひと》です。

みなさんはぜひこの渋沢栄一《しぶさわえいいち》先生《せんせい》という人《ひと》をおぼえておいてください。そして渋沢先生《しぶさわせんせい》のガイドとなった『論語《ろんご》』にもきょうみをもってほしいと思《おも》います。『論語《ろんご》』には、人《ひと》として正《ただ》しく生《い》きるためにとても役《やく》に立《た》つ言葉《ことば》がたくさんのっています。ひとつでもおぼえておくと、一生《いっしょう》ささえになります。

渋沢先生《しぶさわせんせい》が生《い》きた明治時代《めいじじだい》には福澤諭吉先生《ふくざわゆきちせんせい》という人《ひと》もいて、『学問《がくもん》のすすめ』という本《ほん》を書《か》きました。よく勉強《べんきょう》して世《よ》の中《なか》の役《やく》に立《た》つ人《ひと》になろうという本《ほん》です。渋沢先生《しぶさわせんせい》が書《か》いた『論語《ろんご》と算盤《そろばん》』は、いってみれば「お金《かね》もちのすすめ」みたいな本《ほん》です。

みんなも世《よ》の中《なか》のためになるいい仕事《しごと》をして、もうけたお金《かね》を社会《しゃかい》のためにつかい、お金《かね》がある楽《たの》しい一生《いっしょう》をすごしましょう。

齋藤《さいとう》　孝《たかし》

著者紹介

齋藤 孝（さいとう・たかし）

1960年静岡県生まれ。東京大学法学部卒。同大学院教育学研究科博士課程を経て、現在明治大学文学部教授。専門は教育学、身体論、コミュニケーション技法。『声に出して読みたい日本語』（草思社）がシリーズ260万部のベストセラーに。NHK Eテレ「にほんごであそぼ」総合指導。『こども「学問のすすめ」』『おとな「学問のすすめ」』（共に、筑摩書房）、『現代語訳 学問のすすめ』（ちくま新書）、『13歳からの「学問のすすめ」』（ちくまプリマー新書）、『こども孫子の兵法』（日本図書センター）、『超訳 こども「アドラーの言葉」』（KADOKAWA）等多数。

自分《じぶん》で考《かんが》えて行動《こうどう》しよう！ こども論語《ろんご》とそろばん

2019年3月25日 初版 第1刷発行
2022年4月15日 初版 第3刷発行

著者	齋藤 孝
発行者	喜入 冬子
発行所	株式会社 筑摩書房 東京都台東区蔵前2-5-3 〒111-8755 電話番号 03-5687-2601（代表）
装丁	中村道高（tetome）
イラスト	寺山武士
編集協力	辻由美子
印刷・製本	凸版印刷株式会社

ISBN978-4-480-88099-4 C0037